LAS ENSEÑANZAS DE JESÚS

Editorial
Concordia

CONTENIDO

GUÍA DEL MAESTRO

INTRODUCCIÓN A "LA VIDA DE JESÚS"

La serie "La vida de Jesús" estudia el ministerio y las enseñanzas de Jesús. Cada estudio de esta serie incluye doce clases que abordan asuntos relacionados con el tema del estudio. "La vida de Jesús" les ofrece a los cristianos la oportunidad de "acercarse personal e íntimamente" a la persona y a la obra de Jesús, a medida que van estudiando la palabra de Dios y comparten con otros cristianos acerca de las oportunidades de ocupar sus vidas con lo que van aprendiendo.

Esta serie utiliza un tamaño sencillo, de fácil uso para el estudiante, y consiste de cuatro componentes principales: Enfoque, Infórmese, Relacione y Perciba.

ENFOQUE ⟶ le sirve al estudiante de introducción a los conceptos que serán investigados durante la clase.

INFÓRMESE ⟶ guía a los estudiantes hacia y en las Escrituras, a fin de aprender lo que Dios dice respecto de más de un asunto.

RELACIONE ⟶ provee actividades y preguntas que ayudan a los estudiantes a emplear en sus vidas las verdades que descubrieron en las Escrituras.

PERCIBA ⟶ sugiere actividades con la finalidad de ir creciendo en conocimiento en el transcurso de las semanas subsiguientes.

La serie "La vida de Jesús" puede emplearse con grupos de estudio bíblico, grandes, pequeños, y con individuos que deseen enriquecer su vida de fe.

La guía del maestro, que viene adjunto a éste, proporciona un arreglo sugerido para el estudio y las respuestas a las preguntas.

Rogamos que Dios fortalezca su fe a medida que va estudiando la Palabra, con ayuda de "La vida de Jesús".

1

PÁSAME LA SAL: VIVIR UNA VIDA DICHOSA

ENFOQUE

El teólogo Martín Franzmann expresó lo siguiente respecto del Sermón del Monte de Jesús: "El Sermón del Monte es el relato de cómo Jesús forma la voluntad de su discípulo, conduciéndole a vivir una vida enteramente guiada por Dios el Rey, tal como él se revela en estos últimos días en su Hijo, una vida que por lo tanto es consagrada por entero a Dios el Rey. El don del Reino y la exigencia del Reino –llamado al arrepentimiento– es la norma a la cual se debe ajustar la existencia del discípulo en todos sus aspectos" (Comentario Bíblico Concordia, Editorial Concordia, 2004, 1016-1017).

Al ir viendo en las siguientes 12 clases las palabras de Jesús en Mateo 5-7, nos daremos cuenta rápidamente de que la enseñanza de Jesús es, en su dinámica, diferente de la del mundo. En lo que respecta a los que lo escuchaban, su enseñanza era también admirablemente diferente de lo que les habían enseñado los dirigentes religiosos de su tiempo. Todos los que tienen un encuentro con las palabras de Jesús, en cualquier siglo, continente o contexto que fuere, descubrirán que son refrescantes, a veces radicales, y siempre invitando al compromiso. En las clases subsiguientes, la enseñanza de Jesús nos exigirá nuevamente un compromiso respecto de lo que significa ser justo y fiel en nuestra vida de amor que se demuestra en una auténtica piedad cristiana.

Las primeras palabras del sermón de Jesús crean algo así como una atmósfera eléctrica en el aula de aquella colina. Jesús va al centro exacto del sentido de nuestra existencia al describir qué significa vivir una vida dichosa.

1. ¿Qué concepto tiene el mundo respecto a lo que es una "persona dichosa"?

2. ¿Considera usted que su vida es dichosa? ¿Por qué sí?, o ¿por qué no?

INFÓRMESE

Cuando Jesús utiliza la palabra *dichoso*, o *bendito*, está hablando de las acciones de amor de Dios en nuestras vidas. La mayor dicha o bendición que Dios nos ha brindado es su Hijo, Jesucristo. Los que ese día estaban sentados a los pies de Jesús, lo mismo que nosotros que ahora estamos sentados en nuestras aulas o salas de estar, ¡nos sentimos dichosos de recibir a Cristo y su enseñanza!

1. Lea Mateo 5:1-12. En los versículos 3 y 4, Jesús describe a personas que están conscientes de su incapacidad y su pecado, y lo confiesan. ¿Por qué serán dichosos?

2. El mundo dice que los poderosos heredarán la tierra. ¿Cómo y por qué contradice Jesús a las personas que creen esto?

3. ¿De qué forma reaccionará una persona dichosa ante las malas acciones de los demás (v. 7)?

4. "Los que tienen hambre y sed de justicia" y los de "corazón limpio" son personas que practican una auténtica devoción a Dios. ¿De qué manera ilumina Jesús nuestra comprensión del primer mandamiento, con estas palabras? Recuerde el primer mandamiento: "No tengas otros dioses además de mí."

5. Los versículos 10-12 contradicen de plano aquello en que normalmente confiamos para "alegrarnos y llenarnos de júbilo" en nuestra vida diaria. ¿Qué enseñanza nos imparte Jesús respecto de ser sus discípulos? ¿Qué promesas de dicha nos hace?

Lea Mateo 5:13-16.

1. En esta sección Jesús describe la manera en que los dichosos hijos de Dios pueden ser de bendición al mundo. ¿Por qué Jesús nos llama sal?

2. ¿Qué significa ser "la luz del mundo"? ¿Para la gloria de quién llevamos a cabo nuestras buenas obras?

RELACIONE

El Salmo 32:1-7 define también a la persona dichosa. Lea estos versículos y aplíquelos a su propia vida al ir respondiendo las preguntas siguientes.

1. El mundo cree que es sumamente conveniente ser fuerte, no mostrar debilidad y tener siempre la razón. ¿Cuánto afecta este modo de pensar su vida personal y profesional? ¿De qué modo puede identificarse usted con el salmista en los versículos 3-4?

2. El versículo 1 dice que la persona verdaderamente dichosa es quien ha experimentado en su vida el perdón de los pecados gracias a la muerte de Cristo en la cruz. Vuelva a mirar su respuesta a la pregunta 2 en la sección "Enfoque". ¿De qué manera afecta este principio básico su propio punto de vista respecto a la dicha?

3. Describa el modo cómo vivió usted la dicha de sentir que Dios fue su refugio en una crisis de "aguas caudalosas" (v. 6).

PERCIBA

Durante sus cenas de esta semana, encienda una vela y asegúrese de que haya un salero sobre la mesa. Que estos objetos sean para usted y su familia un recordatorio de que Dios los ha bendecido por medio de Jesús, y que Jesús los envía ahora a ustedes para que sean sal y luz en un mundo desaprensivo y tenebroso. En sus oraciones, pidan al Señor que aumente su fe para que puedan verse completamente dichosos; rueguen también por sabiduría para que Dios sea glorificado por medio de las buenas obras de ustedes.

2

ASERRÍN, ASERRÁN…
¡NI LETRA NI TILDE FALTARÁN!

ENFOQUE

¿Ha visto usted en la TV esos laberintos que los granjeros del medio-oeste de los EE.UU. de N. América hacen en el medio de sus extensos maizales? Yo siempre he sido muy escéptico respecto de su calidad laberíntica y me he preguntado si en realidad tenían algún valor como entretenimiento. Yo dudaba… hasta que me metí a probar uno. El primer gran laberinto en el que me perdí (¡de verdad!) no se encontraba en el medio-oeste, sino en otra parte, y tenía la forma de un ananás, o piña.

El ejercicio era más bien sencillo: Debíamos hallar seis estaciones dentro del laberinto. En cada estación se encontraba un dibujo grabado en metal, el que debíamos calcar sobre nuestro formulario de inscripción. Quien ese día había realizado el ejercicio en menos tiempo recibía un premio. Mi teoría consistía en que el gusto que uno siente por el jugo de piña está en relación directa con lo ansioso que uno estaba por establecer el mejor tiempo del día. Siendo que creo que las piñas es un gusto que uno aprende a saborear con el uso, me contenté con tratar de debutar en un puesto mediano dentro del grupo.

Las primeras dos estaciones fueron bien fáciles. Incluso por simple suerte uno podía encontrar una estación prestando oídos a los gritos de los chicos que se habían adelantado. Sin embargo, encontrar las restantes estaciones exigió una mayor disciplina. Si bien yo creía firmemente que mi superior capacidad de razonamiento y sentido de la dirección me llevarían por el laberinto en rápida sucesión, muy pronto tuve que reconocer humildemente que no me diferenciaba de los demás que corrían en círculos dentro del laberinto. Di vueltas y vueltas por sendas equivocadas, por otras que parecían vagamente conocidas y finalmente perdí todo sentido de la perspectiva. Finalmente , después de 45 minutos, conseguí llegar a la salida del laberinto –27 minutos después del mejor tiempo del día– completamente frustrado.

La vida puede asemejarse a un laberinto, ¿verdad? ¿Se siente usted a veces como que no ha progresado nada? ¿Siente que su vida está repleta de intentos fracasados? ¿Pierde el sentido de la perspectiva con facilidad? Describa un tiempo de su vida en que se sintió como si estuviese perdido en un laberinto, y compártalo con los demás del grupo.

INFÓRMESE

Cuando Jesús comenzó su ministerio público, la élite de la religión de los judíos, muchas generaciones de eruditos, habían elaborado un extenso código de ética y de leyes. Lo que había tenido su comienzo como los Diez Mandamientos en el monte Sinaí, era ahora un elaborado sistema de qué se podía hacer y qué no se debía hacer para ser verdaderamente fiel. Era como estar apresado en un laberinto legal, y la mayoría de las personas estaban siempre con miedo de equivocar el camino.

Esta clase de codificación de la ley de Dios condujo con frecuencia a la hipocresía y al ritualismo superficial. (Jesús señaló esto en numerosas ocasiones en los evangelios). En su Sermón del Monte Jesús enseña una interpretación correcta de la voluntad de Dios para nuestras vidas. Lea Mateo 5:17-20, y vea cómo introduce este tema.

1. ¿Qué dice Jesús respecto de la perdurabilidad de la ley de Dios (v. 18)?

2. ¿Qué dice Jesús respecto de la gravedad del quebrantamiento de la ley de Dios (v. 19)?

3. ¿Qué clase de esperanza le ofrece al israelita promedio en cuanto a la propia justicia de la persona (v. 20)?

4. Cuando se trata de la ley, ¿cuál es la misión de Jesús en favor de nosotros (v. 17)?

RELACIONE

1. ¿Siente con frecuencia que su conciencia lo culpa? ¿Está usted consciente permanentemente de su fracaso en cumplir la ley de Dios? ¿Dónde se colocaría usted en esta calificación?

<u>SIEMPRE CONSCIENTE DE MI CULPA   NUNCA SIENTO REMORDIMIENTO</u>

Lea Juan 19:16-22, 28-30.

2. Jesús es quien ha cumplido la ley por nosotros. ¡Él es aquel cuya justicia sobrepasa la de los fariseos! Por medio de la fe, la justicia de Cristo lo cubre a usted completamente, y a los ojos del Padre es considerado santo. ¿Le resulta fácil o difícil aceptarse usted mismo así como Dios lo acepta?

PERCIBA

La lírica de la canción *En la luz* dice así:

> Sigo tratando de hallar una vida
> Por mi cuenta, sin ti.
> Soy el rey de las excusas.
> Tengo una por cada cosa egoísta que hago.
> Coro: ¿Qué sucede dentro de mí?
> Desprecio mi propio comportamiento.
> Esto sólo confirma mis sospechas
> De que todavía soy un hombre
> Que necesita un Salvador.

Aprenda a procurar la justicia de Cristo. Por medio de él usted queda reconciliado con Dios y recibirá poder para una vida mejor procedente de esa justicia en su vida. En sus oraciones de esta semana, incluya esta petición: "Señor Jesús, te doy gracias porque cumpliste por mí con todos los requerimientos de la justicia en la cruz, y por hacerme santo. Por tu Espíritu Santo te pido que yo viva una vida que sea un reflejo de tu vida perfecta."

3

EL HOMICIDIO QUE DIOS RE-DEFINIÓ

ENFOQUE

Al ir progresando en su sermón, Jesús comienza a ser más preciso respecto de cada "letra y tilde" de la ley. Al hacerlo, deja completamente desarmados a los que pretenden ser justos por sus propias acciones. Incluso los fariseos, quienes se jactaban de cumplir la letra de la ley, no podían de ninguna manera cumplir con el espíritu de la ley. Al mismo tiempo, Jesús les hace saber a los que han recibido su justicia, qué significa vivir una vida de fe y amor.

En esta parte de su sermón, Jesús discute el quinto mandamiento: "No mates." Escriba su definición acerca de matar.

INFÓRMESE

Lea Mateo 5:21-26.

1. ¿De qué manera amplía Jesús la definición de matar en los versículos 21-22?

2. El homicidio tiene su origen en un corazón iracundo. ¿Qué consecuencias trae para los que quieren ser juzgados según la ley, cuando la ira latiguea, ya sea por medio de armas o palabras?

3. En vez de ira y homicidio, ¿qué desea Dios que suceda entre dos contendientes, según este mandamiento (vv. 23-26)?

Lea 1 Juan 3:11-16.

1. ¿Respecto de qué homicidio nos refresca Juan la memoria (vv. 11-12)? ¿Cuál fue la causa de este homicidio?

2. ¿De qué manera relaciona Juan el odio con el homicidio (vv. 13-15)?

3. Jesús permitió que lo mataran por causa nuestra. ¿Qué reacción suscita esto en nosotros (v. 16)?

RELACIONE

Dios quiere que estemos reconciliados, no con él solamente, sino también con nuestros hermanos y hermanas. Más adelante en el evangelio de San Mateo, Jesús describe con exactitud lo que significa "deja tu ofrenda allí delante del altar… y reconcíliate con tu hermano" Lea Mateo 18:15-20, y relacione estos versículos con su vida.

1. ¿Qué sabiduría encontramos en el método de Jesús?

2. Cuando alguien lo ofende, ¿cuántas veces se acerca usted a esa persona en privado para hacerle ver su falta?

3. Jesús describe cómo se obra buscando reconciliación no sólo una, sino varias veces, y con una cantidad de recursos. ¿Cuándo vio usted el empleo de este método? ¿Qué resultados observó?

4. Jesús re-define completamente el concepto de matar. Revea su definición en la sección "Enfoque" de este capítulo. Después de haber estudiado la enseñanza de Jesús, escriba una nueva definición.

PERCIBA

Jesús lo ha reconciliado con el Padre al ofrecer su vida en la cruz por los pecados de usted. Regocíjese por el perdón de Dios. Permita que ese perdón eche raíces en su vida y florezca, al esforzarse usted por una reconciliación así con otros. Escriba abajo el nombre de alguien con quien necesita ser reconciliado. ¡Contáctese con esa persona esta semana! Comience el proceso de reconciliación.

4

¡PROMESA SOLEMNE!
MANTENER LA PALABRA Y SER FIEL

ENFOQUE

Josh McDowell dice lo siguiente acerca del compromiso marital:

> ¿Qué clase de compromiso incorporó usted en sus votos matrimoniales?
> ¿Incluyó: "Hasta que la muerte nos separe"? Si lo hizo, es parte de una
> minoría. El compromiso es difícilmente una palabra apremiante hoy en
> día… He llegado al convencimiento de que la mayoría de las parejas ya
> han perdido la batalla aun antes de casarse. Comienzan el matrimonio con
> la actitud de "si no funciona, o si tenemos problemas, simplemente lo anu-
> lamos." Esta percepción superficial del compromiso queda mejor descrita
> por las frases "ojos que no ven, corazón que no siente" y "si no estás con
> quien amas, ama a aquel o aquella con quien estás." (pp. 309-10).

1. Describa, volviendo a la época de su niñez, el compromiso matrimonial de sus
padres, abuelos, tías y tíos.

2. ¿De qué manera influyó el compromiso (o la falta de compromiso) de ellos en usted a
medida que iba creciendo?

INFÓRMESE

Lea Mateo 5:27-32.
1. ¿Qué enseña Jesús respecto del espíritu del sexto mandamiento en los versículos 27-
28?

2. ¿Qué quiere decir Jesús al sugerir cirugía radical a los que son tentados por pensamientos adúlteros?

3. ¿Con cuánta seriedad valora Dios el matrimonio (vv. 31-32)?

4. ¿Qué circunstancias toma Dios en consideración, pese a que el divorcio va contra su voluntad (v. 32)?

Lea Mateo 5:33-37.

1. ¿Por qué, le parece a usted, que Jesús incluye esta sección justo después de su enseñanza respecto del matrimonio?

2. ¿Qué nos dice esta sección respecto de la integridad de nuestra palabra?

RELACIONE

Jesús utiliza un lenguaje muy vívido ("sácatelo" y "córtatela") cuando se trata de huir de la fornicación. Si bien nosotros ni soñaríamos con tomar las palabras de Cristo al pie de la letra, él sin embargo soportó dolores así en su propio cuerpo al morir en la cruz por nuestros pecados. Lea Romanos 6:1-14 y después responda a las preguntas siguientes:

1. San Pablo relaciona enérgicamente la crucifixión de Cristo y nuestro bautismo en su muerte. Los pecados sexuales frecuentemente arrastran consigo una vergüenza personal que no es fácil de olvidar. ¿Ha experimentado usted el completo perdón de Cristo por sus pensamientos lujuriosos e inapropiadas expresiones de índole sexual?

2. No solamente recibimos la muerte de Cristo para nuestro perdón, sino que también hemos sido resucitados con él a una vida nueva. ¿Cuál puede ser una forma según la cuál usted pueda aplicar prácticamente en su vida lo que dice el versículo 12?

PERCIBA

Haga una estricta observancia de sus promesas esta semana. Examine la integridad de su palabra. Si es usted casado, vea el video de su casamiento o revea, junto a su cónyuge, el álbum de fotos de ese acontecimiento, y renueven sus votos. ¡En todas estas actividades, siéntanse fortalecidos con el conocimiento de que Dios mantiene sus promesas de amor, compasión y perdón con respecto a ustedes!

~ 5 ~
¡CUÁNTO AMOR!

ENFOQUE

Por más de 30 años, el apartheid gobernó a Sudáfrica. Los africanos de piel negra fueron desposeídos de muchos derechos humanos básicos. Soportaron innumerables palizas, prisiones, torturas y muertes a mano airada por parte de la minoría blanca gobernante. Pero cuando el líder de derechos civiles Nelson Mandela fue liberado después de décadas de encarcelamiento, fue punta de lanza de un esfuerzo por derribar el apartheid y llegó a ser el primer presidente electo por la nación.

Lo que más impactó al mundo fue el modo como el gobierno de Mandela trató con sus enemigos: Sudáfrica estableció una Comisión de Verdad y Reconciliación. Esta comisión constaba de tres comités. El comité de violaciones de los derechos humanos investigó cualesquiera abusos que hubieren tenido lugar entre 1960 y 1994. Las resoluciones de este comité fueron entonces enviadas al comité de reparación y rehabilitación, cuya responsabilidad principal fue restaurar la dignidad de las víctimas y ofrecer rehabilitación y cura a los sobrevivientes, a sus familias y a las comunidades en general. El tercer comité fue el que al principio captó la mayor atención. El comité de amnistía permitió a los perpetradores "solicitar amnistía por cualquier acción, omisión u ofensa asociados a un objetivo político." Para dejar bien en claro sus objetivos, este comité declaró que "ser favorecido con una amnistía por una acción, significa que el perpetrador queda absuelto de ser procesado por esa acción particular."
(Información obtenida de la página Web oficial de la comisión por la verdad y la reconciliación: www.truth.org.za. Citas directas pueden obtenerse de la página doméstica.)

1. Póngase en el lugar de un sudafricano negro en 1995. Su familia fue víctima de una injusticia personal. ¿Cómo reaccionaría usted ante el anuncio del proceso de amnistía? ¿Por qué?

2. Ahora ubíquese en los zapatos de un político de la minoría blanca. Por acciones manifiestas, ya sean violentas, judiciales, o políticas, podía ser acusado de crímenes de lesa humanidad. ¿Solicitaría amnistía, se enfrentaría a sus víctimas y pediría perdón? ¿Cuán fácil o difícil de aceptar resulta ser el ofrecimiento de amnistía?

INFÓRMESE

Lea Mateo 5:38-42.

1. Jesús sugiere que debemos dejar la ley de justicia y justicia retributiva en manos de Dios y sus agentes para la paz civil, el gobierno. El discípulo responderá al "malvado" con amor. ¿Cuáles son los tres ejemplos que Jesús presenta en los versículos 39-41 para ilustrarnos cómo lograr esto?

2. ¿Cuál de estos ejemplos parece ser la respuesta de amor más difícil? ¿Por qué?

3. En el versículo 42 Jesús desplaza levemente nuestro enfoque: De recibir órdenes pasamos a que nos pidan. ¿Cómo aprecian nuestra respuesta de amor los que están necesitados?

Lea Mateo 5:43-48.

1. Una vez más Jesús cita la ley del Antiguo Testamento y la contrasta con el camino de la gracia y del amor. ¿Cuál es el trato que él quiere que les demos a nuestros enemigos? ¿Por qué relaciona Jesús esto con nuestra condición de hijos de Dios?

2. ¿Cómo trata Dios a sus enemigos (v. 45)?

3. Discutan acerca de la diferencia que Jesús establece entre el amor del mundo y el extraordinario amor de Dios, en los versículos 46-47.

4. ¿En qué sentido queda ligado el amor a la santidad, según el versículo 48?

Lea Romanos 12:9-21.

1. Este pasaje comienza así: "El amor debe ser sincero." ¿De qué manera describen los versículos 9-16 el amor sincero?

2. ¿Cuál es el ruego del versículo 18? ¿Qué dura realidad aborda? ¿Qué responsabilidad recae en los discípulos de Cristo?

3. Hay quienes pensarán que esta enseñanza respecto de un amor extraordinario es una irresponsabilidad, porque parece minimizar completamente las acciones malvadas. ¿De qué modo contradice esta noción el versículo 19?

4. Relea el versículo 21. ¿De qué poder superior disponen los cristianos para combatir el mal?

RELACIONE

El amor extraordinario que Jesús describe a sus discípulos es el amor verdadero que Dios ha derramado sobre nosotros. Romanos 5:8 nos dice: "Pero Dios demuestra su amor por nosotros en esto: en que cuando todavía éramos pecadores, Cristo murió por nosotros." Aunque éramos enemigos de Dios debido a nuestra rebeldía y pecado, Jesús murió por nosotros. Nos amó antes de que nos hubiéramos arrepentido o creído en él. Nos amó siendo nosotros aún sus enemigos. Podemos decir, entonces, "¡que Jesús es nuestra verdad y reconciliación!" Por medio de él hemos sido reconciliados con Dios y transformados de enemigos en amigos de Dios.

Lea Lucas 23:32-34, y aplique las palabras de Cristo a su vida a medida que va respondiendo las preguntas que siguen.

1. ¿Ha experimentado en su vida el extraordinario amor de Dios?

2. Piense en una persona que usted conoce y que verdaderamente haya vencido el mal con el bien. ¿Cómo llegó usted a ser testigo de que esto es verdad?

3. Califíquese (A, B, C, D, o F) respecto de la calidad de su amor por sus enemigos, así como Cristo lo ha amado a usted. Si se calificó con menos de B, ¿por qué le resulta particularmente difícil perdonarlos?

PERCIBA

Jesús nos ordena amar a nuestros enemigos y orar por ellos. Incluya lo siguiente en sus oraciones de esta semana:

1. Identifique a alguien con quien no se encuentra en buenas relaciones. Ruegue que Dios lo ayude a confiar en su amor, para que valerosamente pueda demostrarle amor a esta persona en particular.

2. Ruegue a Dios que le conceda un corazón perdonador y la valentía de transmitirle perdón a esta persona.

3. Walter Wangerin Jr. describe el extraordinario amor de Dios como un "absurdo divino"; ¡sólo Dios pudo amar así! Nos recuerda que "el pecado contra usted fue también un pecado personal contra Dios… La consecuencia más grave del pecado no es, entonces, lo que usted sufre, sino lo que [quien pecó contra usted] puede llegar a sufrir". Ore para que su enemigo quede reconciliado no sólo con usted, sino con Dios.

6
¡HIPÓCRITA!

ENFOQUE

La palabra hipócrita es conocida entre nosotros desde hace mucho tiempo. En realidad es una transliteración de la palabra griega *hypokrites*. ¿Qué significaba originalmente *hypokrites*? Le sorprenderá averiguar que no tenía una connotación negativa. Hypokrites significaba "actor." Era la palabra que se usaba para describir no sólo a los que se encontraban sobre el escenario, sino también a los que leían poesía o pronunciaban discursos.

Es fácil de ver cómo hypokrites evolucionó hasta llegar al significado que le damos hoy. Cuando calificamos a alguien de hipócrita, queda implícito que esa persona está actuando un papel. Los hipócritas se jactan de su moralidad y sus logros, pero es un hecho que no son en verdad lo que declaman ser.

1. ¿Qué profesiones (¡fuera de la actuación, eso aparte!) tienen la reputación de contar con un elevado porcentaje de hipócritas? ¿Concuerda usted con esta mala reputación? ¿Por qué sí, o por qué no?

2. ¿En cuál aspecto de su vida podría usted ser acusado de ser hipócrita? ¿Por qué?

INFÓRMESE

En Mateo 6, el sermón de Jesús pasa de exhortarnos a tener un amor extraordinario, a condenar la hipocresía grosera. Jesús puntualiza particularmente cómo se manifiesta esta hipocresía en ofrendar, orar y ayunar. Lea las partes de la Escritura que siguen, y responda las preguntas relacionadas con éstas.

Lea Mateo 6:1-4.
1. ¿Qué motiva a las personas a hacer "obras de justicia" delante de la gente para llamar la atención?

2. Describa la hipocresía grosera que Jesús denuncia en el versículo 2.

3. Resuma el versículo 3 en sus propias palabras. ¿Qué es lo que motiva a alguien que da de esta manera?

Lea Mateo 6:5-8.
1. ¿Cómo oran los hipócritas? ¿Cómo oran los gentiles?

2. Jesús nos insta a que oremos en un ambiente particular; ¿cuál?

3. ¿Qué promesa reconfortante nos proporciona Jesús en el versículo 8?

Lea Mateo 6:16-18.
1. En el versículo 16 Jesús utiliza por tercera vez esta frase: "Les aseguro que éstos ya han obtenido toda su recompensa." ¿Qué quiere decir con esto?

2. ¿Con qué propósito –dice Jesús en el versículo 18– habremos de lavarnos la cara cuando ayunamos?

3. Al final del versículo 18, Jesús utiliza otra frase por tercera vez: "Tu Padre, que ve lo que se hace en secreto, te recompensará." ¿Qué quiere decir Jesús con esto?

RELACIONE

En Mateo 23, Jesús nos ofrece un discurso más completo respecto de la hipocresía de la iglesia y sus guías. Pase ligeramente la vista por los siete ayes en los versículos 13, 15, 16, 23, 25, 27, y 29. Después responda las preguntas que siguen.

1. Con no más de tres palabras por cada "ay", describa los siete ayes.

2. De los siete, ¿cuál le parece que podría servir como advertencia para la iglesia en la actualidad?

3. Si tuviese que elaborar una lista titulada "Las siete hipocrecías en mi vida", ¿cuáles serían estas siete?

Lea Romanos 7:21-25a.
1. ¿De qué modo describe San Pablo su lucha contra la hipocresía? ¿Se identifica usted con la lucha de él? ¿Por qué sí, o por qué no?

2. Jesús es el sanador de la hipocresía. Jesús es el polo opuesto exacto de hypokrites. ¿Cómo es esto? ¿Cómo nos rescató Jesús de nuestros cuerpos mortales?

PERCIBA

Jesús fue colocado en una tumba para que nosotros, que somos como sepulcros blanqueados, pudiésemos ser limpiados por dentro. Jesús, quien es la verdad, nos puede rescatar a nosotros que con tanta facilidad caemos en la hipocresía. Siendo que usted está capacitado por haber sido rescatado por Jesús de su hipocresía y toda clase de pecado mediante su muerte en la cruz, considere las acciones siguientes.

1. En la presencia de Dios, quítese su máscara de actor. ¡Confiese sus pecados al Padre, y él, por medio de Cristo, le perdonará!

2. Ore respecto de su respuesta a la pregunta 2 en la sección "Enfoque". Vea cómo puede tomar tres pasos concretos para mejorar. Escriba estos pasos a continuación y ruegue por el poder del Espíritu Santo para llevarlos a cabo.

7

OREMOS

ENFOQUE

En nuestra clase anterior, estudiamos la enseñanza de Jesús acerca de nuestras "obras de justicia" delante de la gente. Jesús nos enseñó a abstenernos de pronunciar en público oraciones elaboradas pomposamente, con el exclusivo propósito de impresionar a los que nos escuchan. Jesús nos dice cómo no debemos orar y después nos da un ejemplo concreto de cómo podemos orar. Al comenzar a investigar este tema, evalúe su vida de oración al responder las preguntas que siguen.

1. ¿Cuál es su lugar de oración preferido? ¿Por qué?

2. Ponga una X sobre las líneas, y cerca de las palabras que mejor describen su característica de oración:

breve / dulce   larga / dilatada

intensa / emocional   sosegada / meditativa

INFÓRMESE

Lea Mateo 6:9-13.

1. Según la enseñanza de Jesús, ¿de qué modo debemos dirigirnos a Dios en nuestras oraciones? ¿Cómo armoniza Jesús esta intimidad con la última frase del versículo 9?

2. El versículo 10 se ocupa de las cosas de Dios. ¿Qué pedimos exactamente en este versículo?

3. Martín Lutero dice que "pan cotidiano", en el versículo 11, consiste de "todo aquello que se necesita como alimento y para satisfacción de las necesidades de esta vida". Comente respecto del modo en que nos reconforta esta enseñanza de Jesús, acerca de cómo pedir estas cosas.

4. Habiendo hablado de las cosas terrenas como pan y pecado, Jesús nos incita a pedir por cosas espirituales, en los versículos 12-13. ¿Cómo cuáles?

Lea Mateo 6:14-15.

1. ¿Qué nos enseña Jesús a nosotros, que hemos recibido el perdón de Dios, respecto de perdonar a los que han pecado contra nosotros?

2. Casi parece como que Jesús hace de nuestro perdón algo que merecemos por perdonar primero a otros. Explique cómo podemos entender estos versículos correctamente dentro del contexto del perdón que Jesús obtuvo para nosotros en la cruz.

RELACIONE

1. El Padrenuestro es, para los cristianos, un regalo valioso, porque nos ofrece un modelo por el cual podemos formular nuestras oraciones. El Padrenuestro nos enseña a pedir en primer lugar por "las cosas de Dios" (su nombre, su reino y su voluntad) y después por "las cosas humanas" (pan, perdón, tentación y el mal). ¿Reflejan sus oraciones este bosquejo? Si no, diga ¿qué modelo siguen sus oraciones?

2. Lea Hebreos 10:19-23. ¿Por qué podemos acercarnos confiadamente al trono de Dios en oración? ¿Por qué puede estar seguro de que sus oraciones son aceptadas por Dios?

3. Lea Romanos 8:15-16, 26-27. ¿Qué promesa nos da Dios, aunque nosotros no sepamos qué pedir? ¿Qué seguridad le otorgan estos versículos, particularmente cuando trata de pedir que se haga la voluntad de Dios?

PERCIBA

Dietrich Bonhoeffer, pastor alemán ejecutado por los nazis en 1945, escribió acerca del poder de la oración. Mediante sus experiencias, llegó a valorar el Libro de los Salmos como un libro de oración. Bonhoeffer escribió: "En los Salmos aprendemos a orar en base a la oración de Cristo. El Salterio es la gran escuela de la oración" (Life Together [San Francisco: Harper & Row, 1954], 47). En otras palabras, por medio de los Salmos llegamos a conocer la magnitud del Padrenuestro.

Utilice los Salmos en su vida de devoción. Aprenda de ellos a orar. Recite el Padrenuestro para sus peticiones personales. Por último, tenga confianza en sus oraciones; porque no importa cuán extensas o breves, elocuentes o desatinadas, sus oraciones son aceptables al Padre mediante Jesús, en cuyo nombre ora.

8

¡MUÉSTRAME TU TESORO!

ENFOQUE

Imagínese por un instante que, en un día cualquiera, usted conduce su automóvil viniendo del trabajo a su hogar, y al enfilar por el sendero que lo lleva a la casa, se encuentra con dos militares que lo esperan en la puerta de entrada. Con indiferencia le informan que la ciudad ha sido tomada por la fuerza y que usted tiene 10 minutos para juntar algunas cosas personales e irse. Dentro de su casa se encuentra todo lo que posee en este mundo: mobiliario, libros, joyas, pinturas, documentos oficiales, y una tarjeta de cajero automático para tener acceso a todo su dinero en efectivo. No le queda tiempo para resolver qué empacar. En vez, deberá decidir instintivamente. Instintivamente, ¿qué le parece lo más importante? Su tarea, para los próximos 30 segundos, consiste en elaborar una lista de las cinco cosas más importantes que llevaría. ¿Listo? ¡Adelante!

1.
2.
3.
4.
5.

INFÓRMESE

Lea las instrucciones de Jesús referentes a nuestros tesoros, en Mateo 6:19-24.
1. ¿Qué diferencia establece Jesús entre los tesoros terrenales y los celestiales, en los versículos 19-20?

2. Según el versículo 21, ¿de qué modo afecta la riqueza nuestras prioridades?

3. Los versículos 22-23 pasan nuestro enfoque del corazón a los ojos. ¿De qué modo afectan nuestra existencia las cosas que queremos alcanzar en la vida? ¿Cree usted que nos damos cuenta de esto cuando llenamos nuestros cuerpos de "oscuridad"?

4. En el versículo 24 Jesús traza una línea en la arena. ¿Cómo describiría usted su mensaje?

En el libro del Apocalipsis, Dios ordena a San Juan a escribir su Palabra profética a siete iglesias del Asia Menor. Una de estas iglesias, la de Laodicea, bregaba tratando de servir a dos señores. Lea la carta dirigida a ellos en Apocalipsis 3:14-18.

1. ¿De qué modo se describe la espiritualidad de ellos en los versículos 15-16?

2. ¿De qué manera se engañaron a sí mismos (v. 17)?

3. ¿Cuál es el consejo de Dios en el versículo 18? ¿Qué quiere decir con "oro", "ropas blancas", y "colirio"?

RELACIONE

¿Podría describirse su vida cómo "laodiceana"? ¿Intenta ser manipulador, sirviendo a dos señores? Si es así, preste atención al consejo que San Pablo le da al joven Timoteo en 1 Timoteo 6:17-19, e incorpórelo a su vida.

1. No debemos adoptar actitudes arrogantes respecto de lo que tenemos, ni poner nuestra esperanza en estas riquezas. ¿Con cuál de estas dos le cuesta más luchar? ¿Por qué?

2. Dios provee todo para nuestro goce. Nos ha dado el tesoro más preciado, a Jesucristo, quien murió por nuestra culpa en la cruz. Somos personas libres de deudas, ya que nuestra "cuenta de pecado" ha sido pagada por completo por la crucifixión de Jesús. ¿De qué modo lo convierten a usted en una persona rica los dones de Dios, tanto los espirituales como los temporales? ¿De qué manera es rico en Cristo?

3. ¿Qué debemos hacer con nuestra riqueza, según el versículo 18? Mencione una manera práctica cómo ser "rico en buenas obras".

PERCIBA

El escenario presentado en la sección "Enfoque" no resulta ser tan fuera de lo común para muchas personas. Mucha gente en nuestro mundo ha tenido que tomar esta clase de decisiones. Pero, dentro de nuestro ámbito, todos estamos expuestos a perder en un instante lo que es nuestro, ya sea por un incendio, inundación, o una caída de la bolsa de valores. Es por esto que San Pablo nos dice que no pongamos nuestra "esperanza en las riquezas, que son tan inseguras".

¡Muéstrame tu tesoro! Las palabras de Jesús: "Porque donde esté tu tesoro, allí estará también tu corazón", ¡son ciertas! Dios puede cambiar su corazón por medio de sus tesoros de perdón y fe. Él calmará su ansiedad mediante su presencia real en la Santa Cena. Diariamente provee todo lo que usted necesita para su sustento.

Irónicamente, nuestro instinto natural de acumular riquezas y gastarlas en nosotros, hace que nos convirtamos en esclavos de nuestra riqueza terrenal. Cristo, quien dio su vida por nosotros, nos enseña a entregar nuestra vida por los demás. ¿Cómo podemos ser ricos en buenas obras? ¿Cómo podemos liberarnos del servicio al propio yo? Cuando comenzamos a dar libremente a otros la riqueza que Dios nos ha dado, es entonces que compartimos nuestros tesoros de perdón, amor, comida y bebida con los que nos rodean y que, mediante la fe, servimos a Dios como nuestro Señor.

9
¡NO SE ESTRESEN!

ENFOQUE

Es muy fácil reconocer los síntomas: una espalda tensa, un cuello contorsionado, una quijada apretada. Uno se come las uñas, el estómago está convulsionado y no falta el dolor agudo entre los ojos. Todas éstas son señales seguras de estrés. Aunque es sencillo reconocer estos síntomas, lo cierto es que cuando han comenzado a manifestarse es bien difícil hacerlos desaparecer.

Considere su nivel de estrés de la semana pasada. Después, responda las preguntas siguientes.

1. Coloque una X en la línea que se encuentra abajo, para indicar qué es lo que mejor lo describe a usted durante la semana que pasó.

Feliz y con suerte   bien equilibrado   un revoltijo de preocupaciones

2. ¿Qué fue lo que más estrés le produjo la semana pasada? ¿Ha tomado alguna resolución respecto de sus preocupaciones? ¿Por qué, o por qué no?

INFÓRMESE

Al continuar Jesús con su Sermón de la Montaña, viene hasta nosotros en medio de nuestras vidas repletas de tensiones y proclama un dicho bien sencillo: "¡No se angustien!" Lea sus palabras en Mateo 6:25-34.

En esta sección, Jesús nos ofrece siete razones por qué dejar de preocuparse. Escriba la razón correspondiente junto a los versículos que se encuentran abajo.

1. Versículo 25:

2. Versículo 26:

3. Versículo 27:

4. Versículos 28-30:

5. Versículos 31-32:

6. Versículo 33:

7. Versículos 34:

Durante su ministerio, Jesús envió a los 12 apóstoles a las ciudades de Israel, para que proclamaran el evangelio y sanaran a los enfermos en su nombre. Lea parte del discurso de Jesús para esa ocasión en Mateo 10:5-30.

1. ¿Qué instrucciones da Jesús a los apóstoles, en los versículos 8-16, respecto de comida, vestimenta, dinero y cobijo? ¿Por qué los envió con estas instrucciones? ¿Qué cree usted?

2. ¿Sobre qué clase de angustias se proclama vencedor Jesús en los versículos 17-20?

3. ¿Con qué palabras reconforta Jesús a sus acongojados discípulos en los versículos 29-31?

RELACIONE

La angustia es un toque de clarín que mueve nuestro cuerpo a la acción. Sin embargo, en vez de tratar de realizar algo productivo en nuestro estado de alerta, con frecuencia gastamos nuestra energía preocupándonos. En Filipenses 4:6-8, nuevamente se nos ofrecen indicaciones de cómo tratar con la angustia. Lea esa sección y después relaciónela a sus propias circunstancias al responder las preguntas.

1. San Pablo, quien escribió esta sección, sugiere que en vez de permitir ser engullidos por nuestra ansiedad, podemos en realidad hacer algo a favor de la acción: ¡Orar! Examine retrospectivamente su mayor angustia de la semana pasada (ésta fue su respuesta a la pregunta 2 del "Enfoque"). ¿La ha examinado con oración? ¿Por qué sí, o por qué no?

2. San Pablo agrega una frase importante a la actividad de la oración: "Y denle gracias". Con mucha frecuencia perdemos la perspectiva de las cosas cuando nos angustiamos por los problemas de la vida. Pese a las que le preocupan ahora mismo, ¿qué cosas lo inducen a dar gracias? ¿Puede nuestra "lista de agradecimientos" achicar nuestra "lista de quejas"?

3. El versículo 8 sugiere opciones de cosas en las que pensar. Cuando se enfrenta a una circunstancia angustiosa y estresante, ¿qué es algo verdadero, respetable, justo, puro y amable que usted puede considerar como tal?

PERCIBA

De modo que, ¿qué enseña Jesús respecto de angustiarse por cosas de esta tierra? "Busquen primeramente el reino de Dios y su justicia, y todas estas cosas les serán añadidas." ¡Jesús se ocupó de nuestras mayores angustias de esta vida! Mediante su muerte en la cruz, destruyó la muerte, pagó por nuestros pecados, y triunfó sobre el poder del diablo. ¡Somos gente libre y perdonada, y Dios es fiel en amarnos y guardarnos en su gracia! El que entregó a su Hijo por nuestra salvación, también nos proveerá con "todas estas cosas" que necesitamos en la vida.

Esta semana, haga algo a favor de la acción cuando surja el estrés. Tómese tiempo para orar. Busque maneras de "vivir la gratitud". Memorice uno de los versículos de la lista de las siete razones para no preocuparse, que elaboró en la sección "Infórmese", y recítelo cuando se sienta abrumado. Debido a que Dios es bueno, ¡realmente podemos dejar de angustiarnos!

10

UNA CURA PARA NO JUZGAR A LOS DEMÁS

ENFOQUE

Era una mañana de un miércoles de diciembre, que estaba yo sentado como jurado número siete en una pequeña sala de deliberaciones, con 11 compañeros recién conocidos. Habíamos estado dos días escuchando testimonios relacionados con un prisionero acusado de ingresar contrabando a la penitenciaría, vía correo. Alguien de afuera había preparado documentos legales que le fueron enviados, y así el paquete llegó como correo legal. El correo regular es abierto y examinado por los guardianes antes de ser entregado a los presos, pero el correo legal puede ser abierto sólo en presencia de un preso.

El día en cuestión, el guardián le trajo al acusado su correo legal, y cuando el guardián examinó los documentos, notó que había dos hojas unidas por un pequeño punto negro en la esquina superior derecha. Al examinar el guardián las hojas más detenidamente, el preso alargó el brazo a través de los barrotes de su celda, arrebató los papeles de manos del guardián, y comenzó a tirar partes del paquete por el inodoro. Rápidamente fue sometido y sacado de su celda, en tanto que los guardianes retiraban los restos del paquete. Había varias hojas más pegadas, que también tenían puntos negros en medio. Los puntos negros quedaron identificados más tarde como ínfimas cantidades de heroína.

Según quedó establecido, el recluso de la celda al lado de la del acusado, era el jefe de la así llamada mafia de la prisión. Este jefe de la mafia (que estaba sentenciado a más de 450 años) se plantó y dijo que había sido él quien encargó las drogas que habían sido enviadas y que el acusado no tenía conocimiento previo de la entrega. El jefe mafioso, por supuesto, no tenía nada que perder al hacer esta confesión, porque de todos modos nunca saldría de la prisión.

Bebiendo un café en el tribunal –realmente horrible– mis compañeros jurados y yo revisamos la evidencia. Después de un día de deliberaciones, llegamos a un acuerdo respecto de lo que creímos era la verdad: el acusado fue obligado por el jefe de la mafia a recibir las drogas. Si hacía lo que se le ordenaba, se ganaría el favor de los que manejaban la mafia. Si rehusaba, debía atenerse a las consecuencias de la cólera de éstos. El acusado había sido puesto "entre la espada y la pared", pero al finalizar el día dimos el único veredicto posible: "¡Culpable!" De acuerdo a la ley, el acusado sabía que las drogas serían entregadas en su celda, y voluntariamente las recibió. Después de dar nuestro veredicto, nos enteramos de un hecho más que no se nos presentó durante el juicio: esta declaración de culpable era la tercera falta del acusado. Nunca más sería libre.

Esa noche celebré un culto de Adviento en mi congregación. Mi día había comenzado en un escenario judicial que se regía sólo por la ley y el castigo. Mi día terminó en el ambiente de la casa de Dios, donde mi misión era proclamar un mensaje de amor y perdón.

1. ¿Le tocó alguna vez juzgar a alguien estrictamente de acuerdo a las reglas, por ejemplo, en el trabajo o en un acontecimiento deportivo?

2. ¿Qué le resultó fácil o difícil en esa tarea? ¿Por qué?

INFÓRMESE

En Mateo 7, Jesús sondea los juicios personales que emitimos en nuestra vida diaria. Lea Mateo 7:1-6.

1. ¿Cuál es la advertencia de Jesús en los versículos 1-2?

2. ¿Qué problema respecto de juzgar a otros puntualiza Jesús en el versículo 3?

3. ¿Cuál es la amonestación de Jesús en los versículos 4-5?

Lea Romanos 14:1-3, 7-13.

1. Pablo está tratando asuntos de conciencia, o "asuntos discutibles". ¿Cómo es posible que dos cristianos estén en desacuerdo en estas cosas y sin embargo ambos agraden a Dios?

2. ¿Quién es juez de nuestras acciones, de acuerdo con los versículos 3, 7-8?

3. ¿Qué tiene que ver la muerte y resurrección de Cristo con este asunto (ver v. 9)?

4. ¿Qué acción alternativa sugiere Pablo que tomemos, en el versículo 13?

RELACIONE

Cuando juzgamos a otros, entramos en la jurisdicción de la ley y del castigo. Como el tribunal descripto al comienzo de esta clase, aquí no hay lugar para la compasión. Cuando juzgamos a otros, nos ubicamos también nosotros y nuestra conducta en ese lugar inmisericorde. Sin embargo, nuestro Dios de amor desea ardientemente llevar a los que están agobiados bajo la ley, a su reinado de gracia y perdón.

1. Dice Walter Wangerin: "Los pecados que con más facilidad vemos en los demás, los detectamos primero en nosotros mismos". Usted, ¿está de acuerdo o en desacuerdo? ¿Por qué?

2. La cura de Jesús para juzgar, consiste en sacar primero la viga de nuestro propio ojo. Esto se logra mediante la confesión y el perdón de pecados. ¿Qué viga en particular debe ser sacada de su ojo?

3. Jesús no dice que los cristianos jamás juzguen las acciones de la gente. Cristo nos dice: "Saca primero la viga de tu propio ojo, y entonces verás con claridad para sacar la astilla del ojo de tu hermano." En otras palabras, cuando confrontamos a otros, debemos darnos cuenta de que dependemos de la gracia de Dios tanto como ellos. ¿De qué modo puede juzgar usted las acciones de alguien con el espíritu que Jesús describe?

PERCIBA

Gracias a que Jesús murió clavado en las vigas de la cruz, podemos sacarnos las vigas de nuestros ojos. Con una vista renovada, podemos comenzar a ayudar a otros que están presos en el forcejeo con el pecado, a salir del juicio y a entrar en el reinado de gracia de Dios. Recuerde estas palabras de Santiago 1:19-21 y guárdelas en su corazón: "Mis queridos hermanos, tengan presente esto: Todos deben estar listos para escuchar, y ser lentos para hablar y para enojarse; pues la ira humana no produce la vida justa que Dios quiere. Por esto, despójense de toda inmundicia y de la maldad que tanto abunda, para que puedan recibir con humildad la palabra sembrada en ustedes, la cual tiene poder para salvarles la vida."

11
SIGUE POR EL ESTRECHO SENDERO DE LADRILLOS

ENFOQUE

Roberto Frost describe en su clásico poema "El camino no transitado", el dilema al que se enfrentó mientras deambulaba por un bosque de otoño. El camino por el que transitaba se bifurcaba, y se vio obligado a decidir cual de los senderos tomar.

> Dos caminos divirgieron en un bosque dorado,
> Y lamentando no poder transitar los dos
> Y ser un solo viajero, mucho dudé
> Y hasta donde la vista me dio, uno observé
> Hacia donde doblaba en la maleza.
>
> Y tomé el otro, tan bueno como el primero,
> Y tal vez con mejores posibilidades,
> Porque verde era y ser hollado deseaba.
> Estaba allí a la espera de mi paso.
>
> Y esa mañana ambos por igual estaban
> De hojarasca llenos, ningún pie había hollado.
> ¡Ah, reservé el primero para otro día!
> Y, sabiendo cómo un camino a otro lleva,
> Me pregunté que si alguna vez aquí volvería.
>
> Cuento esto con un suspiro
> En algún lugar por siglos lejos de aquí:
> Dos caminos divirgieron en un bosque, y yo
> Tomé el que menos transitado estaba,
> Y eso significó todo para mí.

Describa un momento de su vida en que se vio ante una bifurcación del camino. ¿Qué opciones tuvo? ¿Cómo decidió cuál opción escoger? ¿Qué sendero tomó? ¿Escogió acertadamente?

INFÓRMESE

Lea Mateo 7:7-14.

1. Cuando estamos confundidos y no sabemos qué camino tomar, Jesús nos dice que pidamos, busquemos y llamemos. ¿Qué promesas tiene Jesús para quiénes acuden a él (ver v. 8)?

2. ¿Qué comparación hace Jesús entre Dios el Padre y nuestros padres terrenales, en los versículos 9-11?

3. El versículo 12 es conocido como la regla de oro. Describa su significado con sus propias palabras.

4. Jesús nos dice que el camino de la vida diverge. ¿Qué descripción hace de cada uno de los senderos?

Lea Juan 10:7-10.

1. ¿Qué dice Jesús que él es, en el versículo 7?

2. ¿Qué promete Jesús a todos los que entran por la puerta que él es?

RELACIONE

Jesucristo afirma que él es la puerta estrecha que conduce a la vida verdadera y eterna. Nadie llega al Padre sino por fe en Jesús. Lea Proverbios 3:5-6 y relacione este mensaje con su vida.

1. No debemos confiar "en nuestra propia prudencia", sino que más bien debemos pedir, buscar y llamar por la guía del Señor. ¿Qué asunto o decisión de su vida le exige una mayor comprensión espiritual?

2. El Salmo 119:105 dice: "Tu palabra es una lámpara a mis pies; es una luz en mi sendero." ¿Qué calificación se da a sí mismo en su búsqueda de la palabra de Dios como guía en su vida?

3. Dios promete que allanará nuestros caminos. Mirando su vida retrospectivamente, ¿de qué manera lo ha guiado Dios en un momento particularmente difícil?

PERCIBA

Mucha gente nos da consejos en cuanto a qué caminos debemos tomar. Los programas de TV, los editoriales de diarios y revistas, los horóscopos, la música y el cine, todos proclaman a gritos instrucciones para escoger el camino cierto. En medio de esta alocada gritería, Jesús nos habla con voz clara y nos hace señas para que lo busquemos a él. Gustosamente abre las puertas de su bondad porque nos ama y está ansioso por responder nuestras oraciones, según su voluntad. En realidad, Jesús nos da mucho más que buenos consejos. Por medio de su muerte en la cruz por nuestros pecados, nos ha dejado expedito el camino estrecho que conduce a la vida eterna. Sus palabras nos ofrecen instrucciones veraces, y estas palabras vienen con poder y bendición.

12
¿POR QUÉ SEGUIMOS TONTEANDO AQUÍ Y ALLÍ?

ENFOQUE

Al llegar al final de Mateo 7, vemos que Jesús comienza a "llevar a puerto" su Sermón. Lo hace describiendo las dos clases de personas que han oído su predicación: Los prudentes, que ponen en práctica las palabras de Jesús, y los insensatos, que no hacen caso de sus enseñanzas. Antes de leer la conclusión del Sermón del Monte, trate de diferenciar entre prudencia e insensatez, formando un acróstico con las dos palabras que se encuentran abajo. Por cada letra de la palabra prudente, escriba una palabra que comience con esa letra. Cada una de las palabras deberá ayudar a describir una persona prudente. Después de haber completado la primera palabra, pase a describir a un insensato escribiendo una palabra por cada una de las letras.

P=	I=
R=	N=
U=	S=
D=	E=
E=	N=
N=	S=
T=	A=
E=	T=
	0=

INFÓRMESE

Lea Mateo 7:15-28.

1. Según lo expresa Jesús en los versículos 15-20, ¿de qué modo podemos reconocer a los falsos profetas?

2. ¿Qué triste realidad nos descubre Jesús en los versículos 21-28? ¿Qué les falta a estos falsos discípulos?

3. ¿Qué descripción hace Jesús de una persona sabia, en los versículos 24-25? ¿De qué modo ayuda un cimiento firme a hacer frente a las tormentas de la vida?

4. Jesús describe al insensato como alguien que construye sobre la arena. ¿Qué clase de construcción insensata se da con más frecuencia en las vidas de las personas que usted conoce?

5. ¿Cuál fue la reacción de la multitud cuando Jesús finalmente dio término a su gran sermón?

Lea Hechos 4:5-12.
1. Los líderes del pueblo judío ordenaron a Pedro y a Juan a que comparecieran ante ellos, porque habían curado a un hombre lisiado en el templo. ¿En nombre de quién hicieron eso?

2. ¿Con qué palabras describe Pedro a Jesús en el versículo 11? ¿Cómo puede servir esto de fundamento al versículo 12?

RELACIONE

Los primeros nueve capítulos de Proverbios son la introducción de lo que resta del libro, y muestran la diferencia entre la sabiduría y la insensatez. Lea Proverbios 4:1-9 y relaciónelo a su vida respondiendo la preguntas que siguen.
1. En nuestro mundo moderno saturado de información, ¿qué grado de facilidad o dificultad hay para distinguir entre la sabiduría y la insensatez?

2. Vea el versículo 7. ¿Encuentra una forma de aplicar este versículo a su vida?

3. Dice Jesús: "Todo el que me oye estas palabras y las pone en práctica es como un hombre prudente que construyó su casa sobre la roca." ¿De qué manera pueden ayudarle las sabias palabras de Jesús, particularmente sus promesas de perdón y de gracia, a hacer frente a las tormentas de la vida?

4. Si usted ha trabajado con clases anteriores en esta guía de estudio de la Biblia, eche un vistazo a algunos de los temas que Jesús tocó en su Sermón del Monte. ¿Cuál clase en particular le ha brindado mayor introspección? ¿De qué manera puede comenzar a poner sabiamente en práctica lo que ha aprendido?

PERCIBA

La gente buscó a Jesús y le preguntaron: ¿Qué tenemos que hacer para realizar las obras que Dios exige?" Jesús les respondió: "Ésta es la obra de Dios: que crean en aquel a quien él envió" (Juan 6:28-29). Oyendo a Jesús predicar respecto de temas tales como homicidio, adulterio, divorcio, ayuda a los necesitados y oración, podemos tener la impresión de que para ser un verdadero discípulo de Jesús, primero debemos seguir sus enseñanzas. Y, sin embargo, Jesús comenzó su Sermón del Monte llamando dichosos a todos los que tienen hambre y sed de él.

Dios lo ha hecho a usted discípulo de Jesús por su gracia mediante la fe. Jesús entregó su vida en la cruz por usted, como pago por todas las veces en que no estuvo a la altura de los sublimes paradigmas de Dios. ¡Aférrese a la sabiduría del evangelio con todas sus fuerzas! Es entonces, como perdonado hijo de Dios, que será fortalecido para vivir sabiamente su fe de acuerdo con las radicales enseñanzas de Jesús en su Sermón del Monte.

GUÍA DEL MAESTRO

LAS ENSEÑANZAS DE JESÚS

1
PÁSAME LA SAL:
VIVIR UNA VIDA DICHOSA

ENFOQUE

Lea en voz alta, o invite a algún voluntario a hacerlo, el párrafo inicial.

1. Las respuestas serán variadas. El mundo ve con frecuencia la salud y la riqueza como signos de una vida dichosa.

2. Las respuestas serán variadas.

INFÓRMESE

Pida a un voluntario que lea en voz alta Mateo 5:1-12.

1. Dios ofrece gracia y perdón a todos los que vienen a él con humildad y fe. Los que tienen conciencia de su "pobreza espiritual" y los que "lloran" por su insuficiencia, serán reconciliados con Dios por Cristo y por tanto heredarán el reino de los cielos.

2. Sobresaltando a sus oyentes, Jesús dice que los humildes, no los poderosos, recibirán la tierra como herencia. El mundo entero le pertenece a Dios, y él desea llamar dichosos a los que con humildad lo llaman Señor.

3. Los que han recibido la compasión de Dios, a su turno serán compasivos con los demás.

4. El primer Mandamiento dice: "No tengas otros dioses además de mí". Los que practican una devoción única a Dios, verdaderamente lo adoran a él solo.

5. Los discípulos de Cristo esperan insultos y persecuciones por parte del mundo. Aunque por fuera esto no parece ser algo por lo que uno pueda regocijarse, Jesús nos recuerda que tanto él como los profetas tuvieron que enfrentar la misma clase de persecución. Podemos alegrarnos porque "el que está en ustedes es más poderoso que el que está en el mundo" (1 Juan 4:4). Cosecharemos una eternidad de bendiciones divinas. Pida a un voluntario que lea en voz alta Mateo 5:13-16.

1. La sal cumple dos funciones: Preserva y agrega sabor. Ésta es la vocación del cristiano en el mundo.

2. Nosotros no somos la fuente de nuestra luz. Antes bien, reflejamos la luz de Jesucristo. Todas nuestras acciones hechas por fe, no tienen la intención de atraernos gloria, sino más bien señalar a Cristo, quien es nuestra luz.

RELACIONE

Lea en voz alta Salmo 32:1-7.

1. Aunque estamos tentados a "salvar las apariencias" en toda circunstancia, aun cuando estamos equivocados más allá de toda duda, podemos adherirnos al dolor del salmista en los versículos 3-4, y vemos en el versículo 5 que los pobres en espíritu son los que serán llamados dichosos.

2. Remítase a sus respuestas en la sección "Enfoque". Confronte para ver si el perdón se encuentra en el núcleo de su comprensión de ser llamado dichoso por Dios.

3. Las respuestas serán variadas.

PERCIBA

Reflexione acerca de cómo puede poner en práctica lo que ha aprendido, durante la semana próxima. Concluya su estudio con oración, dando gracias a Dios por sus maravillosas bendiciones.

2

ASERRÍN, ASERRÁN...
¡NI LETRA NI TILDE FALTARÁN!

ENFOQUE

La ilustración del comienzo nos recuerda las muchas decisiones equivocadas tomadas y los caminos sin salida a los que hemos llegado. Pida a los presentes ejemplos personales que ilustren que esto sucede en las vidas de algunos de los integrantes de su grupo.

INFÓRMESE

Pida a un voluntario que lea en voz alta Mateo 5:17-20.
1. La ley no será anulada hasta que haya servido del todo a su propósito. Los que quieren entrar al cielo pensando que Jesús abrogó la ley, están tremendamente equivocados.

2. Los que no cumplan la ley serán considerados los más pequeños en el reino de los cielos.

3. Jesús no alienta de ninguna manera la esperanza de entrar al reino de los cielos por la propia justicia de uno.

4. Jesús no vino a anular la ley. Antes bien, vino a cumplirla por nosotros. Mediante la fe, se nos adjudica la perfecta vida de Jesús, y por eso somos considerados santos a los ojos de Dios.

RELACIONE

1. Pida a los que participan que pongan una X en el lugar correspondiente en la calificación que mejor describe cómo se sienten. Las respuestas serán variadas.
Lea en voz alta Juan 19:16-22, 28-30.

2. Nuestra santidad no proviene de nuestras propias acciones, sino solamente por medio de la fe en las santas obras de Cristo. Es difícil vernos como gente santa. ¡La fe, sin embargo, nos habilita para vernos como Dios declara que somos!

PERCIBA

Concluya su estudio con oración y termine sus oraciones con esta petición: "Señor Jesús, te doy gracias por haber cumplido toda justicia por mí en la cruz y por hacerme santo. Por tu Espíritu Santo, ayúdame a llevar una vida que refleje tu santa vida."

3

EL HOMICIDIO QUE DIOS RE-DEFINIÓ

ENFOQUE

Pida a los participantes que escriban su propia definición de lo que es homicidio. Las respuestas serán variadas.

INFÓRMESE

Pida a un voluntario que lea en voz alta Mateo 5:21-26.
1. Jesús nos enseña que con palabras y pensamientos podemos matar con tanta facilidad como lo hacemos con un arma.

2. Las consecuencias del homicidio son el juicio y el infierno. En la cruz, Jesús cumplió esta condena por nosotros.

3. Por medio de Jesús, Dios nos reconcilió consigo mismo. A su vez, quiere que nosotros nos reconciliemos unos con otros.

Pida a un voluntario que lea 1 Juan 3:11-16.
1. San Juan hace referencia al primer homicidio en Génesis 4, donde Caín mató a su hermano Abel. Caín mató a su hermano por celos y odio, porque Abel ofreció la ofrenda que más agradó a Dios.

2. Odiar a nuestro hermano o hermana, es matarlos dentro de nuestro corazón. El Dios de amor nos pide que amemos.

3. Así como Cristo entregó su vida por nosotros, del mismo modo nosotros llevamos vidas abnegadas unos por otros.

RELACIONE

Pida voluntarios que lean en voz alta Mateo 18:15-20.
1. Jesús bosqueja un método de reconciliación práctico y placentero. En vez de desparramar chismes acerca de las acciones de otro o de acusarlo ante alguien, debemos comenzar con la reconciliación, confrontándolo directamente. Haremos esto motivados por el deseo de ganar de vuelta a nuestro hermano o hermana.

2. Las respuestas serán variadas.

3. Las respuestas serán variadas.

4. Pida a los participantes que echen un vistazo a sus definiciones de la sección "Enfoque". Pídales que adapten o re-escriban del todo sus definiciones respecto de homicidio.

PERCIBA

Concluya su estudio con oración, y conceda un tiempo para una oración silenciosa, en la que cada participante pueda tener presente el nombre de alguien con quien necesita ser reconciliado.

4

¡PROMESA SOLEMNE!
MANTENER LA PALABRA Y SER FIEL

ENFOQUE

Lea en voz alta el párrafo inicial. Las respuestas serán variadas.

INFÓRMESE

Pida un voluntario para leer en voz alta Mateo 5:27-32.

1. Jesús señala una vez más el significado completo de la ley. El adulterio comienza con la lujuria en el corazón.

2. Jesús nos enseña a cortar de raíz toda tentación que pueda inducirnos al pecado.

3. El matrimonio es un don de Dios. Los que gozan de él tienen el deber de mantenerlo santo.

4. Si bien es voluntad de Dios que nadie se divorcie, él permite que las parejas se divorcien cuando uno de los cónyuges es infiel. Cuando se ha cometido adulterio, los votos matrimoniales han sido rotos. Aun entonces, el deseo principal de Dios es la reconciliación.

Pida un voluntario que lea en voz alta Mateo 5:33-37.

1. Dios toma su Palabra muy en serio. Por medio de ella creó los cielos y la tierra. Para nuestra salvación, envió a su Hijo, la Palabra de vida. Nuestro deber es mantener inquebrantable nuestra palabra, y el principal ejemplo de esta actitud es nuestra promesa matrimonial.

2. Si mantenemos nuestra palabra, no hay necesidad de jurar para convencer a los demás de que decimos la verdad. Al cristiano le enseñamos que sólo juramos por el nombre de Dios ante un tribunal.

RELACIONE

Pida voluntarios para leer en voz alta Romanos 6:1-14.

1. Cristo murió por todos nuestros pecados, y éstos incluyen los pecados secretos de lujuria y vergüenza. Dios nos consuela con un perdón completo y gratuito de todos los pecados del pasado.

2. Por medio de nuestro Bautismo, hemos sido creados de nuevo. Nuestra vocación consiste en derrotar diariamente nuestra vieja naturaleza y huir de la tentación.

PERCIBA

¡Finalice su estudio con oración, agradeciendo particularmente a Dios por mantener con usted sus promesas de amor, compasión y perdón!

5

¡CUÁNTO AMOR!

ENFOQUE

Lea en voz alta, o pida voluntarios para hacerlo, los párrafos iniciales. Después respondan las preguntas que siguen. Las respuestas a las preguntas serán variadas.

INFÓRMESE

Lea en voz alta Mateo 5:38-42.

1. Jesús les dice a sus seguidores que si alguien le da a uno una bofetada en la mejilla derecha, le vuelva también la izquierda. Jesús enseña que si alguien le pone pleito para quitarle la capa, le deje también la camisa. Por último, Jesús les dice a sus seguidores que si alguien los obliga a llevarle la carga un kilómetro, se la lleven dos.

2. Las respuestas serán variadas. Pida a los estudiantes que compartan la razón de sus respuestas.

3. Debemos dar de lo nuestro a los necesitados. Cuando damos a alguien necesitado, le demostramos a esa persona el amor de Dios.

Lea en voz alta Mateo 5:43-48.

1. Jesús quiere que amemos a nuestros enemigos. Dios nos amó mientras nosotros aún éramos sus enemigos. En su amor por nosotros, envió a su Hijo unigénito a este mundo para sufrir y morir por nuestros pecados.

2. Dios se preocupa por sus enemigos y provee para ellos.

3. El amor de Dios es extraordinario, porque ama a todos y nos habilita para amar a nuestros enemigos. No es difícil amar a los que nos demuestran amor. Así es como ama el mundo. La verdadera prueba de fe es amar a los que no nos aman.

4. Jesús nos enseña a ser perfectos, así como nuestro Padre celestial es perfecto. Después de todo, Jesús nos enseña a ser como Dios, en lo que decimos y en lo que hacemos. Leyendo el versículo 48 nos damos cuenta, con dolor, de cuán imperfectos somos y de nuestra necesidad de un salvador. Motivado por su amor, Dios envió a su Hijo a sufrir y morir en la cruz por causa de nuestra falta de perfección. La sangre de Jesús cubre nuestra imperfección y así nos hace santos.

Lea en voz alta Romanos 12:9-21.

1. El amor sincero aborrece lo malo, se aferra a lo bueno, demuestra respeto y honra por

los demás desechando el egoísmo, comparte lo que tiene con los necesitados, practica la hospitalidad, se alegra con los que están alegres, llora con los que lloran y vive en armonía con los demás.

2. El versículo 18 nos dice que vivamos en paz con todos. El discípulo nutre la paz y la armonía con otras personas. La responsabilidad por la paz descansa sobre los hombros de la persona de fe.

3. Dios juzgará la maldad. La responsabilidad de un cristiano es demostrar el amor de Dios en Cristo Jesús a otras personas.

4. El bien que hemos recibido por la gracia de Dios mediante la fe en Jesús, nos habilita para demostrar bondad a los demás.

RELACIONE

Lea en voz alta los párrafos iniciales. Después, pida a un voluntario que lea en voz alta Lucas 23:32-34. Insista en repetir que mientras Jesús moría en la cruz, oró para que los que lo crucificaban recibiesen el perdón de Dios. ¡Cuánto amor, extraordinario y maravilloso! Las respuestas a las tres preguntas de esta sección serán variadas.

PERCIBA

Finalice con la confesión de su inhabilidad pecaminosa de poder amar a los que lo odian. Alabe a Dios por el perdón que su Hijo obtuvo para usted en la cruz. Pida al Espíritu Santo que lo habilite a amar a los que no le demuestran amor, y que haciendo esto lo capacite para testimoniarles del poder de Dios por medio de Cristo.

6
¡HIPÓCRITA!

ENFOQUE

Lea en voz alta los párrafos iniciales, o pida a un voluntario que lo haga. Después discutan las preguntas que siguen.

1. Las respuestas serán variadas. Algunas profesiones que por lo general tienen una reputación de hipocresía, incluyen a abogados, vendedores de automóviles y agentes de bienes raíces. Insista en señalar que muchos individuos que trabajan en estas profesiones son honestos.

2. Las respuestas serán variadas.

INFÓRMESE

Lea en voz alta el párrafo inicial. Después pida un voluntario para leer con voz audible Mateo 6:1-4.

1. El orgullo interesado, con frecuencia motiva a las personas a hacer "obras de justicia" delante de los hombres. Estas así llamadas obras de justicia se hacen no para ayudar a los demás, sino para enaltecer a, y atraer la atención hacia, la persona que realiza las obras.

2. Jesús denuncia a los que proclaman a todo el mundo su grandeza por ayudar a los necesitados.

3. Las personas que dan, no permitiendo que su mano izquierda sepa lo que hace la derecha, están motivadas exclusivamente por su amor por los demás.

Lea en voz alta Mateo 6:5-8.

1. Los hipócritas oran "de pie en las sinagogas y en las esquinas de las plazas para que la gente los vea". Los gentiles balbucean al orar.

2. Jesús nos insta a hacer lo siguiente: "Entra en tu cuarto, cierra la puerta y ora a tu Padre, que está en lo secreto."

3. Jesús nos dice que nuestro Padre en el cielo sabe lo que necesitamos antes de que se lo pidamos.

Lea en voz alta Mateo 6:16-18, o pida a un voluntario que lo haga.

1. Jesús utiliza la frase "les aseguro" para dar énfasis a lo que está por decir. "Les aseguro", incita al que escucha a sintonizar su atención con el mensaje que Jesús está por compartir. Fíjese que Jesús utiliza esta frase para describir a los que demuestran una motivación impropia y egocéntrica. "Éstos ya han obtenido toda su recompensa" lleva implícito que la recompensa de ellos es un reconocimiento pasajero por parte de la

gente, pero que se quedan sin las bendiciones ilimitadas de Dios mientras se encuentran en esta tierra y también en la eternidad.

2. Nuevamente, Jesús nos dice que hagamos aquello que no atraiga la atención hacia nuestras buenas acciones. Los hipócritas atraen la atención hacia sus ayunos haciendo ver lo contristados que están. Esta actitud simplemente atrae la atención hacia sus buenas obras. Es que están motivados por un deseo egocéntrico de impresionar a los demás.

3. Dios el Padre conoce las motivaciones de todas nuestras palabras y acciones. Hacemos lo que Dios quiere que hagamos, motivados por su amor por nosotros en Cristo Jesús, no por nuestro deseo egocéntrico de llamar la atención. Seremos recompensados con la salvación que Cristo ha obtenido para nosotros en la cruz.

RELACIONE

Pida a varios voluntarios que lean en voz alta, uno después de otro, cada uno de los ayes que se encuentran en Mateo 23:13, 15, 16, 23, 25, 27, y 29.
1. Versículo 13 – Las enseñanzas de los fariseos "cierran a los demás" el reino de los cielos. Versículo 15 – Las enseñanzas de los fariseos lo hacen a uno "merecedor del infierno". Versículo 16 – Los fariseos "inventan leyes" que apartan a la gente de la verdad. Versículo 23 – Los fariseos "han descuidado los asuntos más importantes". Versículo 25 – La justicia de los fariseos se muestra sólo "por fuera" y no "por dentro". Versículo 27 – Los fariseos dan la impresión de ser "justos" por fuera, pero por dentro están llenos de "hipocresía y maldad". Versículo 29 – Los fariseos "disfrazan su justicia" y mienten respecto de sus intenciones. Todos los ayes apuntan a la hipocresía de los que representan falsamente a Dios y sus enseñanzas.

2. Las respuestas serán variadas.

3. Las respuestas serán variadas.

Lea en voz alta Romanos 7:21-25a.
1. Las respuestas serán variadas.

2. Jesús hizo lo que dijo que haría. Llevó una vida perfecta a fin de cumplir lo que nosotros éramos incapaces de hacer por causa del pecado. Después, sufrió y murió en la cruz voluntariamente, para recibir el castigo que nosotros merecimos. Recibimos el perdón de los pecados y la vida eterna por medio de la fe. Jesús nos rescató de nuestros cuerpos de muerte, muriendo en nuestro lugar.

PERCIBA

Lea esta sección en voz alta. Finalice con una oración en que pide que el amor de Dios en Cristo lo habilite para mejorar en aquellas dimensiones de su vida en las que usted tiene una tendencia a mostrar hipocresía.

OREMOS

ENFOQUE

Lea en voz alta el párrafo inicial. Después discuta las preguntas que siguen. Las respuestas serán variadas para ambas preguntas.

INFÓRMESE

Lea en voz alta Mateo 6:9-13, o pida a un voluntario que lo haga.

1. Jesús nos enseña a que nos dirijamos a Dios como "Padre nuestro". Jesús nos enseña a "santificar", o tener por santo, el nombre de nuestro Padre en el cielo.

2. Oramos por la culminación de lo que ha venido y llegará a su cumplimiento total el día último: el reino de Dios en el cielo y en la tierra.

3. Oramos con toda confianza que Dios proveerá a todas nuestras necesidades.

4. Oramos por perdón y por el poder de perdonar a quienes pecan contra nosotros. Oramos también que Dios nos guarde de caer en tentación y que nos libre del poder de Satanás.

Lea en voz alta Mateo 6:14-15, o pida a un voluntario que lo haga.

1. El perdón que Jesús obtuvo para nosotros en la cruz, nos motiva y habilita a perdonar a los que pecan contra nosotros.

2. El amor de Dios en Cristo nos motiva a perdonar a los demás. Nunca podemos ganarnos el perdón de Dios. Pero gracias le sean dadas, que él envió a su Hijo unigénito para conseguirnos perdón de pecados y vida eterna mediante su muerte en la cruz. Recuerde a los alumnos que debemos utilizar las Escrituras para poder interpretar las Escrituras. Toda la Escritura apuntan a la enseñanza central de la justificación por la gracia mediante la fe, resumida en Efesios 2:8-9 : "Porque por gracia ustedes han sido salvados mediante la fe; esto no procede de ustedes, sino que es el regalo de Dios, no por obras, para que nadie se jacte."

RELACIONE

1. Las respuestas serán variadas.

2. Mediante su muerte en la cruz, Jesús obtuvo, para nosotros, acceso sin restricciones al Padre. Por su gracia mediante la fe podemos acercarnos a Dios. Dios siempre cumple sus promesas.

3. El Espíritu Santo da testimonio junto con nuestro espíritu. El Espíritu Santo intercede por nosotros cuando no sabemos qué pedir en oración.

PERCIBA

Lea en voz alta los párrafos finales. Después oren todos juntos el Padrenuestro.

8

¡MUÉSTRAME TU TESORO!

ENFOQUE

Lea en voz alta el párrafo inicial. Después pida a los estudiantes que seleccionen las cinco cosas más importantes que llevarían. Dígales que tienen 30 segundos para confeccionar sus listas. Las respuestas serán variadas. Pídales también que presenten las razones de sus respuestas.

INFÓRMESE

Lea en voz alta, en Mateo 6:19-24, las directivas de Jesús respecto del uso que debemos dar a nuestros tesoros.

1. Los tesoros materiales son los que finalmente desaparecerán. Los tesoros celestiales son los que durarán por toda la eternidad.

2. Todo lo que en nuestra vida ocupa el primer lugar, es nuestro tesoro. Si nuestra ansia de riqueza es la meta primera de nuestra vida, entonces Dios será la segunda. El primer Mandamiento nos recuerda que Dios dice: "No tengas otros dioses además de mí." En cualquier momento en que ponemos a quienquiera o a cualquier cosa, además de Dios, como lo primero en la vida, estamos desobedeciendo el primer Mandamiento.

3. Al fin y al cabo, lo que ansiamos conseguir se convierte en la cosa más importante de nuestra vida. Cuando colmamos nuestro ser de oscuridad, con frecuencia no lo percibimos. Cuando deseamos a quienquiera o cualquier cosa además de Dios, estamos echando a Dios de nuestra vida.

4. El versículo 24 dice: "Nadie puede servir a dos señores". Lo que llega a ser de mayor importancia –primero en su vida– se convierte en su señor.
Lea en voz alta el párrafo. Después pida que un voluntario lea en voz alta Apocalipsis 3:14-18.

1. La espiritualidad de ellos se describe como tibia. No son ni fríos ni calientes.

2. Se engañaron a sí mismos a creer que si son ricos, nada les hace falta. Por desgracia, su ansia de riquezas los ha dejado en bancarrota espiritual.

3. Dios aconseja a la iglesia de Laodicea a que encuentre su riqueza sólo en él. El oro, las ropas blancas y el colirio se refieren a tres cosas de las que los de Laodicea están sumamente orgullosos: riqueza en dinero, una industria textil muy desarrollada, y un famoso ungüento para los ojos. Fíjese como Dios utiliza estos artículos materiales como símbolos de lo que quiere que procuremos de él: riquezas espirituales, perdón y ojos que perciban la verdad. Dios les dice a las personas que reemplacen su ansia de riqueza

material con la búsqueda de lo que tendrá consecuencias eternas: la fe en Jesucristo crucificado.

RELACIONE

Lea en voz alta el párrafo inicial. Después pida a un voluntario que lea en voz alta 1 Timoteo 6:17-19.

1. Las respuestas serán variadas.

2. Con Cristo somos ricos, porque por la fe en él recibimos las riquezas del cielo.

3. Motivados por las riquezas que Dios nos ha otorgado por la fe en Jesús, compartimos nuestra riqueza con otros. Su amor por nosotros nos habilita a practicar el bien por los demás.

PERCIBA

Lea en voz alta los párrafos finales. Después ore para que, habilitado por el Espíritu Santo, pueda seguir teniendo a Dios como el primero en su vida y compartir con los demás las riquezas materiales con las que lo proveyó.

9

¡NO SE ESTRESEN!

ENFOQUE

Lea en voz alta el párrafo inicial. Después pida a los estudiantes que completen las dos preguntas. Las respuestas serán variadas.

INFÓRMESE

Lea en voz alta el párrafo inicial. Después pida que un voluntario lea en voz alta Mateo 6:25-34.

1. Versículo 25: La vida tiene más valor que la comida, y el cuerpo más que la ropa.

2. Versículo 26: El padre celestial alimenta incluso las aves.

3. Versículo 27: Por más que se preocupen, ustedes no pueden añadir ni una sola hora a su vida.

4. Versículos 28-30: Dios viste hasta a la hierba del campo. Él los vestirá también a ustedes.

5. Versículos 31-32: El Padre celestial sabe lo que necesitan y lo proveerá.

6. Versículo 33: Busquen primeramente el reino de Dios, y todo lo que necesiten será provisto.

7. Versículo 34: No se preocupen por el mañana, porque el día de mañana se preocupará por sí mismo.

Pida voluntarios para leer en voz alta en Mateo 10.5-30 el discurso de Jesús al enviar a los discípulos.

1. Jesús les dice a sus discípulos que no lleven nada para su viaje. Recibirán lo que necesitan de la gente con quienes compartirán el mensaje de amor y perdón de Jesús. Con fe los discípulos salen al camino, confiando que Dios proveerá todo lo que necesitan para su sustento.

2. Jesús asegura a sus discípulos que les serán dadas las palabras que deban decir. No deben preocuparse por encontrar las palabras correctas.

3. Dios promete proteger a sus discípulos de peligros. Estará con ellos siempre.

RELACIONE

Lea en voz alta el párrafo inicial. Después pida a un voluntario que lea en voz alta Filipenses 4:6-8.

1. Las respuestas serán variadas.

2. Las respuestas serán variadas. Habilitados por el amor de Dios en Cristo, nuestra "lista de agradecimientos" puede achicar nuestra "lista de quejas".

3. Podemos vivir confiados en el gran amor que Dios nos ha demostrado por medio de la muerte de su Hijo en la cruz. Aunque debamos enfrentar pruebas y tribulaciones en este mundo, ya hemos recibido el don de la vida eterna en el cielo. Nada puede separarnos del amor de Dios en Cristo Jesús.

PERCIBA

Lea en voz alta los párrafos finales. Después oren juntos, pidiendo ser habilitados para estar agradecidos a Dios en cualquier circunstancia.

10
UNA CURA PARA NO JUZGAR A LOS DEMÁS

ENFOQUE

Lea en voz alta los párrafos iniciales. El relato conducirá a los estudiantes al concepto principal investigado en esta clase: el juzgar a los demás. Las respuestas a las preguntas serán variadas.

INFÓRMESE

Lea en voz alta Mateo 7:1-6.

1. Jesús nos advierte contra el peligro de juzgar a los demás. Seremos juzgados del mismo modo en que juzgamos a los demás.

2. Cuando juzgamos los pecados de los demás, con frecuencia dejamos de reconocer y confesar nuestros propios pecados. Con mucha frecuencia pasamos por alto la enormidad de nuestro propio pecado, al enfocar nuestra atención sobre el pecado de otro.

3. Jesús nos dice que dejemos de pecar –sacar la viga de nuestro propio ojo– antes de juzgar los pecados de los demás.

Lea en voz alta Romanos 14:1-3, 7-13.

1. En "asuntos discutibles" –asuntos respecto de los cuales la Palabra de Dios calla– tenemos libertad de elección.

2. Solamente Dios puede juzgar nuestras acciones y sus motivaciones.

3. Solamente Cristo es el juez tanto de vivos como de muertos. Jesús nos juzgará y pronunciará justos por la fe. Jesús condenará a los que no tengan la fe salvadora en él.

4. Pablo nos amonesta a que dejemos de juzgar a los demás. En vez, nos dice que no pongamos piedra de tropiezo –algo que haga caer a una persona en pecado– al hermano.

RELACIONE

Lea en voz alta el párrafo inicial.

1. Las respuestas serán variadas.

2. Las respuestas serán variadas.

3. Al confesar que somos los más grandes de los pecadores por quienes Jesús murió, quedamos capacitados para apreciar el pecado de otro en su justa perspectiva. Jesús quiere que juzguemos las acciones de los demás, teniendo presente que nuestro propio pecado lo llevó a él a la cruz a sufrir y morir.

PERCIBA

Lea en voz alta el párrafo final. Finalice confesando su intención pecaminosa y dando gracias a Dios por el perdón que Jesús obtuvo para usted en la cruz. Después pida que Dios lo habilite a hablar la verdad en amor a los que están presos en la lucha contra el pecado, a no emitir juicio, y a recibir la seguridad de la gracia de Dios por medio de la fe en Jesús.

~ 11 ~
SIGUE POR EL ESTRECHO
SENDERO DE LADRILLOS

ENFOQUE

Lea en voz alta el párrafo inicial. Después pida a un voluntario que lea las líneas de "El sendero menos transitado". Luego discutan las preguntas que siguen. Las respuestas serán variadas.

INFÓRMESE

Lea en voz alta Mateo 7:7-14, o pida a un voluntario que lo haga.

1. Jesús promete: "Porque todo el que pide, recibe; el que busca, encuentra; y al que llama, se le abre."

2. Nuestros padres aquí en la tierra proveen para nuestras necesidades. Así también nuestro Padre del cielo proveerá todo lo que necesitamos para el sustento de esta vida.

3. Las respuestas serán variadas. Debemos actuar y hablar con los demás así como quisiéramos que actúen y hablen con nosotros.

4. El camino que conduce a la destrucción es espacioso y la puerta es ancha. El camino que conduce a la vida es angosto y la puerta es estrecha.

Lea en voz alta Juan 10:7-10.

1. Jesús se identifica a sí mismo como "la puerta de las ovejas."

2. Todos los que entran por esta puerta, que es él, serán salvos. Jesús provee la vida.

RELACIONE

Lea en voz alta el párrafo inicial. Después pida a un voluntario que lea en voz alta Proverbios 3:5-6.

1. Las respuestas serán variadas.

2. Las respuestas serán variadas. La mayoría admitirá que a veces se olvidan de buscar líneas de conducta para su vida, en la palabra de Dios.

3. Las respuestas serán variadas.

PERCIBA

Lea en voz alta los párrafos finales de esta clase. Oren juntos para que, habilitados por el Espíritu, puedan pedir, buscar y llamar, confiando que Dios proveerá para todas sus necesidades, tanto grandes como pequeñas.

∾12∾
¿POR QUÉ SEGUIMOS TONTEANDO AQUÍ Y ALLÍ?

ENFOQUE

Pida a los estudiantes que completen los dos acrósticos, uno que describe la prudencia y el otro la insensatez. Permita el tiempo necesario para que los estudiantes compartan unos con otros sus acrósticos.

INFÓRMESE

Lea en voz alta Mateo 7:15-28, o pida a un voluntario que lo haga.

1. Los falsos profetas vienen disfrazados de ovejas. Uno los conoce por sus frutos, lo que dicen y lo que hacen.

2. Solamente los que tienen la fe salvadora en Jesús obtendrán la vida eterna. No todo el que dice:"Señor, Señor", tiene fe salvadora. Los falsos profetas carecen de la fe en Jesús. Podrán decir las palabras correctas y realizar las acciones correctas, pero sin fe sólo obtendrán la muerte eterna.

3. El que es sabio escucha las palabras de Jesús y las pone en práctica. Habilitada con la palabra de Dios y el mensaje de salvación por medio de Jesucristo obtenido en la Palabra, la persona prudente posee el fundamento que le permitirá soportar las tentaciones de este mundo y proveerse el mayor premio: la vida eterna en el cielo. Edificados sobre el fundamento de la fe en Cristo Jesús, podemos hacer frente a todo.

4. Las respuestas serán variadas. Las personas insensatas con frecuencia arman su vida sobre cosas materiales o placeres pecaminosos.

5. Las multitudes se asombraron de las enseñanzas de Jesús.

Lea en voz alta Hechos 4:5-12.

1. Ellos sanaron al lisiado con la autoridad que les fue dada por Jesucristo.

2. Pedro describe a Jesús como "la piedra que desecharon ustedes los constructores, y que ha llegado a ser la piedra angular". Jesús es el fundamento, sobre el que basados, recibimos la salvación. La salvación no se encuentra en ningún otro.

RELACIONE

Lea en voz alta el párrafo inicial. Después pida voluntarios para leer en voz alta Proverbios 4:1-9.

1. Las respuestas serán variadas. Hay veces en que es muy difícil distinguir entre prudencia e insensatez.

2. Las respuestas serán variadas. Lo más importante que podemos hallar es la sabiduría; la sabiduría se encuentra tan sólo en Jesucristo. En realidad, ninguna otra cosa importa en la vida, porque el don que Jesús provee mediante la fe, es el único que nos llevaremos de esta vida a la eternidad.

3. Las respuestas serán variadas.

4. Las respuestas serán variadas.

PERCIBA

Lea en voz alta los párrafos finales. Después oren para que Dios les conceda sabiduría –la sabiduría que sólo se encuentra mediante la fe en Jesús– al hacer frente a las circunstancias que se presentan en la vida diaria, al vivir la experiencia de alegrías y sinsabores, y al enfrentarse a la muerte.